MÉMOIRE

POUR le Sieur DUJONQUAY & la Dame ROMAIN;

CONTRE le Comte DE MORANGIÉS.

QUE nous reste-t-il maintenant à dire pour notre défense? Que pouvons-nous apprendre au Public? Que nous sommes innocens? Il le sçait. Que nous avons été trop confiants? La Justice l'a publié. Que le comte de Morangiés nous a forcés au mensonge? Il en est puni. Qu'après avoir enlevé toute notre fortune il nous a ravi notre liberté? Il est condamné à nous rendre nos cent mille écus & à nous payer 20000 livres de dommages & intérêts. Mettons toute notre confiance dans l'équité des Juges Souverains, ils se sont montrés si intégres à notre égard, leur justice s'est déployée sur nous avec tant d'éclat, elle a été jusqu'à présent notre bouclier, elle nous a garanti des attaques d'un ennemi trop puissant, elle a brisé les armes du mensonge, repoussé les sollicitations de l'orgueil, elle a distingué les gémissemens de l'innocence d'avec les clameurs de l'imposture. Nous n'avons plus rien à craindre ni du crédit, ni du pouvoir. Puisque ceux qui nous persécutent ne veulent pas connoître la vérité, ne leur offrons plus sa lumiere importune, ils n'en deviendroient que plus cruels. Quel mal leur avons-nous donc fait à ces hommes qui sollicitent notre ruine avec tant de fureur? Ils

A

nous accablent d'outrages, & ils ne nous ont jamais vus. Ils infultent à la mémoire de notre vénérable mere que le chagrin a entraînée dans la tombe : ils répétent fans cefle qu'elle étoit une ufuriere, une prêteufe fur gages, & il ne fe trouve pas un feul homme dans cette capitale qui ofe dire qu'elle lui ait prêté à ufure ou fur gages : elle a vêcu quatre-vingt-huit ans, & la malignité la plus active qui a obfervé tous les inftans de cette longue vie, n'a pas pu en découvrir un feul qui portât l'empreinte d'une action malhonnête. Nos ennemis doivent-ils s'étonner que les premiers Juges n'ayent pas été leurs complices, qu'ils ayent rejetté leurs criminels defirs ? Ils frémiffent fourdement & font tous leurs efforts pour exciter le cri public contre un Jugement plus modéré qu'ils n'ofoient l'attendre.

Nous ne venons point infulter au malheur de notre adverfaire. Non, ce n'eft point fon déshonneur que nous demandons à la Juftice : lui, il nous auroit vu d'un œil fec marcher à l'opprobre, nous avancer dans le filence du défefpoir vers le milieu du fupplice, peut-être auroit-il pu foutenir le fpectacle épouvantable de l'innocence accablée fous le poids du déshonneur; nous, plus fenfibles, nous craignons pour fa famille qu'il a trop long-temps laiffé dans l'erreur, les effets d'un préjugé auffi injufte que cruel.

Le temps de la vengeance eft paffé, nous n'en éprouvons plus les tranfports : le comte de Morangiés commence à nous paroître moins coupable ; non, il n'a point d'abord conçu le deffein d'enlever à notre refpectable mere toute fa fortune, d'attirer dans le fecret tout fon or & d'aller enfuite nous dénoncer comme de vils efcrocs. Son ame n'eft point affez noire pour s'être attachée au projet d'abufer de la confiance d'une famille honnête, de la livrer enfuite fans pitié à l'indigence & à l'infamie. Je ne peux pas croire que lorfque le vifage trempé de fueur, je dépofois fur fa table l'argent qu'il attendoit, il avoit déja réfolu de payer mon activité, la complaifance avec laquelle je me prêtois à fes défirs par la plus perfide trahifon, de faire charger de chaînes les mains qui lui ont porté tant d'or, de faire defcendre dans l'obfcurité des cachots un jeune homme qui l'avoit rendu le dépofitaire de toute fes efpérances ; enfin, de faire éprouver la plus cruelle mifere à ceux qui avoient répandu autour de lui l'abondance. Ce font les circonftances qui l'ont conduit à l'ingratitude & au menfonge. Voilà ce que nous nous propofons de démontrer. Nous pafferons enfuite à l'examen de la fentence du bailliage, & il ne nous fera pas difficile de prouver que fi quelqu'un du comte de Morangiés ou de nous doit s'en plaindre, ce n'eft pas lui.

Le comte de Morangiés obéré de dettes, fit, comme on le fçait, en 1768, un abandon général de tous fes biens à fes créanciers; peu s'en eft fallu qu'on ne l'ait nié, mais l'acte exifte : on a été forcé d'équivoquer & de fe retrancher dans des fophifmes. De toutes fes poffeffions délaiffées, abandonnées, il ne touchoit que dix mille francs par an; il auroit été bien difficile, avec un revenu auffi modique, d'avoir un hôtel, des équipages, une multitude de domeftiques, de foutenir des freres au fervice, d'offrir à un pere un afyle, une table convenable à fon rang, de fubvenir à ces dépenfes fecretes, dont l'acte paffé avec les parents de la demoifelle Joliot ne fait entrevoir que la moindre partie (1). On ne doit donc pas être étonné que le comte de Morangiés ait contracté de nouvelles dettes,

---

(1) Depuis notre malheureufe affaire, le comte de Morangiés a été confeillé de payer ces bonnes gens : ils ne font pas les feuls qui ayent reffenti les influences de notre fortune.

qu'il ait même eu l'imprudence d'engager plufieurs fois fa
liberté pour avoir de l'argent , qu'il ait été forcé de recourir
à des fauf-conduits pour fe garantir de la rencontre de ces oifeaux
de proie , auxquels le gouvernement vient d'arracher les ferres.
Mais pouvoit-il fe flatter de trouver toujours des marchands ,
des prêteurs affez confiants , pour fe contenter de fes billets ?
La femme Charmette, fi active, fi zèlée, lutteroit-elle toujours
contre le difcrédit , l'équité du Miniftre ne fe lafferoit-elle pas
d'accorder fans ceffe de nouveaux furfis ? Pour échapper à un
avenir malheureux , il falloit donc ramaffer toutes fes forces ,
réunir tous fes efforts pour faire un emprunt confidérable ; mais
quelle fûreté donner , avec quel preftige fafciner les yeux de
l'opulence ? Tout à coup l'imagination qui crée des jardins où il
n'exifte que des ronces , qui bâtit des palais dans des déferts,
fait fortir du fein d'une plaine aride une multitude de pins fu-
perbes, qui n'attendent plus que la coignée pour aller au loin
voguer fur les mers.

Ces hommes , qui ont de l'argent , ne font pas toujours dif-
pofés à croire tout ce qu'on leur dit. Si l'un d'eux , avant de
faire exploiter cette forêt imaginaire , vouloit aller fur les lieux
en mefurer l'étendue , on lui en feroit voir une qui exifte, mais
qui n'appartient pas au comte de Morangiés , & il feroit puni
de fa curiofité (1).

D'après ce plan, auquel la bonne foi n'a pas eu beaucoup
de part , la Charmette & quelques autres agioteurs , courent
pour découvrir une riche victime que l'on puiffe immoler. Inutile
projet ! vaines recherches ! il ne s'en trouve pas une qui veuille

---

(1) Si les juges venoient à s'affurer que la forêt du comte de Morangiés n'eft
qu'un affemblage de perches & de baliveaux, dont il n'a jamais pu tirer aucune
valeur, de quel œil envifageroient-ils celui qui déclare qu'il a voulu emprunter
500000 livres pour la faire exploiter?

expofer fa fortune au hafard, ou la jetter dans l'abîme d'une direction.

Malheureufe octogénaire, qui viviez fi paifiblement dans le fein de l'obfcurité, qui n'aviez d'autre foin que celui de conferver votre tréfor, d'autre inquiétude que celle d'en affurer la plus grande partie à un petit-fils, l'objet de vos préférences, par quelle fatalité avez-vous été découverte? Depuis que la mort avoit fermé les yeux à votre mari, vous n'aviez plus un appartement magnifique, une maifon de campagne richement meublée; rien ne trahiffoit votre opulence. La veuve Duchefne, le fieur Guy, & mille autres, fe rappelloient bien il eft vrai, qu'ils avoient été fervi chez-vous dans des plats d'argent; les habitans de Vitry n'avoient point oublié, qu'en quittant leur ville, vous vendîtes de très-beaux meubles pour éviter les frais de tranfports; mais retirée dans un appartement modefte, fervie par une feule domeftique, comment foupçonner que vous euffiez cent mille écus à prêter? Hélas! n'écoutant que votre tendreffe pour votre petit-fils, vous avez craint d'aliéner vos fonds! Veuve d'un banquier, vous avez défiré retirer fix pour cent de votre argent, comme les *Lecouteulx*, les *Tourtons*, & tant d'autres qui n'en font pas moins eftimés; la mauvaife foi vous a puni de vos craintes & de vos defirs. Vous avez converti votre or en billets, & ces billets, l'iniquité ne les a pas feulement changés en feuilles de chêne; à l'exemple de ces fameux magiciens, elle les a transformés en un poifon qui vous a donné la mort, qui a caufé les plus vives douleurs à vos enfans, à celui qui vous étoit fi cher.

Je le répéte, le comte de Morangiés en me conjurant de lui porter moi-même l'or de mon ayeule, en me promettant de récompenfer mes peines du préfent de vingt-cinq louis, n'avoit alors d'autre objet que celui de cacher à fes créanciers l'emprunt qu'il avoit fait, que d'échapper à leur importunité, que de réduire leurs créances à leur juste valeur; mais il falloit pour cela que la courtiere, liée avec tous ses créan ciers 'ignorât qu'il eût reçu cent mille écus. Il étoit donc nécessaire de lui dire, *de lui écrire* le 26 septembre, que l'affaire n'étoit point consommée, que l'on me défioit de montrer les titres, quoique je les eusse reçus le 24, de l'aveu même du comte (1).

Peut-être n'aurois-je point révélé à cette femme le prêt des trois cens mille francs, & la remise des quatre billets, si cet air de mystere, si les discours de la Charmette n'eussent jetté en moi la défiance. J'entrevis le danger, & la frayeur me fit tout déclarer à la courtiere. Cette malheureuse femme n'écoutant plus que son indignation, dévoila à nos yeux l'état où se trouvoit le comte. Ses biens abandonnés, ses sauf-conduits qui enchaînoient ses créanciers & les empêchoient de s'élancer sur lui, son mobilier errant chez les prêteurs sur gages: tel fut le tableau qu'elle mit sous nos regards. Joignez à cela l'air du repentir de nous avoir trompés en nous engageant à prêter toute notre fortune à un homme dont la mauvaise foi paroissoit si évidente.

Alors tout changea; plus d'intelligence entre nous & le comte de Morangiés; il est assailli de lettres menaçantes; la femme Charmette lui écrit qu'elle va le faire assigner aux consuls; je l'averti que je vais m'adresser à la police & rendre plainte contre lui en escroquerie. Effrayé du peril qui l'environne, il reste immobile & comme suspendu entre la crainte & l'incertitude. Voilà tous ses projets évanouis, d'un côté le prêt divulgué, de l'autre la revendication des cent mille écus......
Cet or qu'il a vu apporter chez lui, qu'il a compté avec une

_____

(1) Ce petit mensonge, avoué par le comte, ne devroit-il pas un peu affoiblir la confiance de ses partisans ?

joie fi pure, va s'enfuire de fes mains. Il va être replongé dans fon indigence; cet avenir cruel, qu'il avoit écarté, va repa-roître. Que faire?....... O foibleffe de l'homme! terrible concours des circonftances! c'eft vous qui avez perdu le comté de Morangiés. Si nous lui euffions paru moins obfcurs; s'il fe fût cru moins puiffant, il n'auroit pas tenté d'étouffer la plainte rendue par mon aïeule chez le commiffaire Thierry; il n'au-roit pas cherché à fe fouftraire à une perquifition ordonnée par la juftice, & qui devoit fe faire dans fon hôtel; il ne nous auroit pas attirés infidieufement chez un procureur; il n'auroit pas livré une femme & un jeune homme à la fureur d'un fatel-lite, qui n'eut pas honte d'employer contre nous tout ce que fon ame artificieufe & cruelle lui fuggera. Pendant fept heures entieres, nous n'aurions pas eu à lutter contre la rufe, l'op-preffion & la frayeur. Ce Desbrugnieres, cet épouvantable brigand, n'eût pas appéfanti fur ma mere fes mains féroces; le fourbe ne l'auroit pas quittée, pour venir à moi comme un furieux, en me criant: *Ta mere a tout avoué*; il n'eût pas fait retentir à mes oreilles le fon odieux des fers; il n'eût pas trou-blé mes fens, en me difant, d'une bouche écumante de rage: *Tu es perdu, toi & toute ta famille; nous allons vous traîner dans les cachots; j'y conduirai ta grand-mere par les cheveux.....* Monftre! & toi auffi tu te plaindra, peut-être, d'un jugement qui te blâme....... toi qui ma menacé de fouiller de ta main la vieilleffe de mon aïeule, de traîner par les cheveux une femme de quatre-vingt-huit ans dans les cachots. Va mal-heureux, va te jetter aux pieds de la juftice, & rend lui grace de la vie qu'elle te laiffe.

Je retrace, fans le vouloir, le tableau de nos fouffrances, de nos humiliations. O ma mere! vous avez vu votre fils chargé de chaînes; on a repouffé votre tendreffe, qui vouloit le défendre ; mais si vous l'aviez entrevu dans l'obscurité de ces lieux souterreins, destinés aux plus grands scélerats, couché sur la paille, baignant de ses larmes son visage pâle & livide, rejettant le pain qu'on lui apportoit ; si vous l'aviez reconnu, foible & mourant, soulevé par des guichetiers, dont l'ame de fer sembloit s'attendrir ; si vous l'aviez apperçu, soutenant à peine la clarté du jour, se traîner vers le juge, qui ne put se défendre, en le voyant, d'un sentiment de pitié. Ah ! votre cœur se seroit brisé de douleur.

Ce n'est pourtant-là que la plus foible partie des maux que le comte de Morangiés nous a fait souffrir, & c'est lui que l'on plaint ! c'est pour lui que les puissances s'agitent ! on dédaigne notre indigence ! on ne se souvient plus de notre défense ! on a oublié nos malheurs ! on en chérit la cause !

On a vu comment le comte de Morangiés, qui n'avoit d'abord voulu cacher qu'à ses créanciers l'emprunt de cent mille écus, avoit été contraint de le nier à la justice ; l'intérêt le rendit mystérieux, la crainte le fit devenir coupable. Oui, ce n'est que parce que notre vénérable mere a rendu plainte contre lui en escroquerie ; ce n'est que parce qu'elle a voulu ressaisir son or, qui étoit encore dans son hôtel, qu'il s'est avili jusqu'à devenir fourbe & oppresseur ; jusqu'à ce moment il étoit resté tranquille ; il ne nous a calomniés, persécutés, que parce qu'il s'est vu à la veille de restituer le patrimone d'une famille, que ses promesses, que son air affable, que ses démarches avoient séduite. Nous ne pouvons pas trop insister sur ce point de vérité, que nos adversaires ont grand soin d'obscurcir.

S'il paroît d'abord étonnant qu'un homme de qualité soit assez lâche pour nier qu'il ait reçu cent mille écus, qui lui ont été comptés, & dont il a donné ses reconnoissances, l'est-il moins qu'une femme de quatre-vingt-huit ans, qui est dans l'âge de

l'épuisement

l'épuifement & du repos, qui n'a plus qu'à mourir, conçoive le projet le plus étrange, le plus hardi, celui de pourfuivre un officier général, de le dénoncer comme le raviffeur de toute fa fortune ; qu'elle quitte fon afyle & fe traîne chez un commiffaire, pour rendre plainte en efcroquerie de cent mille écus, qu'elle n'auroit jamais eu; qu'elle préfente à M. le lieutenant criminel une requête à l'effet de faifir, de revendiquer cette fomme en or, étiquetée de la main de fon petit-fils; qu'elle aille frapper à toutes les portes pour demander juftice & vengeance; qu'elle fe montre aux audiences; qu'elle prenne en mourant Dieu à témoin de la vérité de fa caufe ; que fes yeux baignés de larmes, avant de fe fermer pour jamais, s'élevent vers le ciel; qu'elle s'écrie en préfence de deux notaires, d'une voix coupée par fes fanglots : *le malheureux, il a tout mon or.......... Mes pauvres enfans, que vont-ils devenir?......*

Hommes équitables & fans préjugés, prononcez; c'eft vous que nous prenons pour juges, & non cette foule de factieux, qui ferment leurs oreilles à la vérité, & ne les ouvrent qu'au menfonge.

Nos ennemis ne fe laffent point de nous oppofer les mêmes calomnies, les mêmes inconféquences ; après les avoir détruites, nous les voyons renaître. Mᵉ Vermeil, notre zélé, notre éloquent défenfeur, a établi, démontré, que nous étions les enfans d'un riche banquier qui occupoit, rue Quincampoix, une maifon de 1050 livres, dans un temps où le luxe n'avoit point encore porté à un fi haut prix le féjour de l'opulence; qu'il avoit à Belleville une maifon de campagne avec douze lits de maîtres; cependant on ne ceffe de répéter que nous avons pris naiffance dans le fein de la mifere ; on nous préfente à la fociété comme des êtres obfcurs & indigens qui

B

s'attachent aux pas d'un homme de qualité, & lui redeman-
dent cent mille écus qu'ils n'ont jamais pu lui prêter.

On nous a reproché d'être de vils courtiers, des prêteurs
fur gages ; nous avons défié tous nos adverfaires enfemble
de prouver que nous nous fuffions jamais mêlé de ce commerce
honteux, que nous euffions jamais reçu un feul gage, même
de la femme Tourtoura, à qui mon aïeule a bien voulu prêter
deux mille écus à fix pour cent qu'elle lui a rendus ; on n'a rien
prouvé, mais on a continué de plaider, d'imprimer que nous
étions des prêteurs fur gages ; nous croyons avoir étouffé la calomnie, & nous la voyons reparoître avec plus d'audace.

Tous les jours nous entendons dire que le comte de Morangiés nous a confié fes billets fans en avoir reçu la valeur,
& nous avons rapporté la preuve écrite de fa main, qu'il
étoit convenu entre nous *qu'il ne nous remettroit fes billets que
lorfque la fomme de trois cens mille livres lui auroit été réellement
comptée & remife en efpéces fonnantes* (1).

On a été jufqu'à prétendre que mon aïeule n'étoit autre
chofe, dans le projet de négociation, qu'un prête-nom ; que
les billets du comte devoient paffer à une compagnie qui n'o-
foit paroître au grand jour, & pour diffiper ce ridicule menfonge, nous n'avons eu befoin que de tranfcrire nos billets, &
de faire remarquer que jamais effet de commerce n'avoit été
furchargé de cette furabondance de noms de baptême & de
qualité.

Je payerai à madame Marie-Anne Regnault, veuve en fe-

(1) Voyez notre réponfe aux obfervations du comte de Morangiés. Malheureufe-
ment nous ne fommes pas affez riches pour pouvoir répandre nos mémoires avec la
même profufion qu'il diftribue les fiens ; il a befoin de féduire le public ; nous ne
nous propofons que de convaincre nos juges.

condes noces de feu fieur Marie-François Veron, banquier à Paris, ou ordre, &c.

Mais que nous fert-il de nous défendre davantage ? a-t-on jufqu'à préfent détruit un feul des faits que nous avons avancés ? en a-t-on relevé un feul de ceux que nous avons abattus ? pouvons-nous lutter avec les armes de la raifon contre le délire de l'orgueil ou l'obftination de la mauvaife foi ? Nous la ferons pâlir d'épouvante, mais nous n'arracherons jamais de fa bouche l'aveu de fon crime.

On fe rappelle quel trait de lumiere jetta fur cette caufe la réponfe au premier mémoire du comte de Morangiés ; tout ce qu'il avoit jufqu'alors avancé fe trouva diffipé ; la maffe monftrueufe de fes menfonges fut pulverifée ; fes défenfeurs confternés rentrerent dans le filence ; dès lors on preffentit le jugement qui confondroit un jour l'iniquité. Le comte de Morangiés entrevit lui-même l'abîme dans lequel il alloit être précipité ; la frayeur lui fit écarter la foule qui s'oppofoit à fon paffage, le remord l'avertiffoit de fuire ; vous qui le vîtes, l'œil égaré, éviter la rencontre des miniftres de la juftice, parlez : ne reconnûtes-vous pas la terreur du crime, l'inquiétude d'un coupable épouvanté ?

Depuis qu'il s'eft rapproché, a-t-il ofé repliquer à cette réponfe dont il avoit inutilement demandé la fuppreffion avec tant de fureur ? S'eft-il juftifié d'avoir refufé, même après notre malheureufe affaire, le payement d'un billet de 1090 livres fait à un marchand de vin, par la raifon, porte l'original du protêt : *que le fieur comte n'a pas reçu de valeur dudit billet, n'ayant fait que le confier au fieur Pâié, au profit duquel il eft fait, que pour le faire efcompter, pourquoi ne peut payer.*

Quoi ! nous repoufferons toutes les calomnies du comte de

B ij

Morangiés , lui il ne répondra pas à une feule de nos accuſa-
tions, & ce ſera nous qu'on voudra trouver coupables ? à quel
degré de corruption , de cruauté , ſont-ils donc parvenus ces
hommes ſi fiers de leurs noms, de leurs titres ? Parce que nous
ne ſommes que de ſimples citoyens , parce que les hazards de
la naiſſance ne nous ont point placés parmi eux, ils nourriſſent
l'affreux deſir de voir ſuccomber l'innocence ! quel malheur
pour l'humanité, ſi le glaive de la juſtice étoit dans de pareilles
mains !... Mais , eſt-il donc vrai que ce ſoit le vœu de la No-
bleſſe que nous périſſions ? Ne lui faiſons pas cette injure ;
M. de Morangiés n'a pas de juges plus ſévères , que ceux
dont il ſe vante d'avoir l'appui. Ce que la France a de plus
éminent , de plus recommandable , l'a déja jugé coupable : il y
a long-temps qu'il a été condamné au redoutable tribunal de
l'opinion publique, & à celui de l'honneur.

Qu'a-t-il dit juſqu'à préſent pour prouver qu'il n'avoit jamais
reçu nos cent mille écus ? a-t-il démontré que notre ayeule
étoit dans l'indigence ; qu'elle n'avoit vécu que d'emprunts ;
qu'elle avoit eu dans le cours de ſa vie des affaires honteuſes ?
Non ; c'eſt à quatre-vingt-huit ans qu'elle a commencé à ſe
rendre coupable d'eſcroquerie : & envers qui ?.... Avec quelle
facilité l'erreur trouve accès parmi les hommes !

Si , au lieu de l'appartement ſimple que nous occupions ,
nous nous fuſſions logé , comme tant de gens plus induſtrieux
que riches , dans une ſuperbe maiſon ; ſi notre mere, au lieu
de ſe renfermer dans une vie privée , eût aggrandi le cercle
de l'opulence , ſe fût liée avec les banquiers, les hommes de
finance ; ſi des équipages qu'elle auroit dus , ſi cet air de ma-
gnificence , qui fait gémir tant de créanciers , & en impoſe
à la multitude , qui ne juge que ſur les apparences , euſſent
annoncé ſa richeſſe : quel homme oſeroit douter qu'elle eût

prêté cent mille écus au comte de Morangiés? Etrange folie des hommes ! c'eſt parce qu'elle a préféré ſon obſcurité à l'éclat de l'opulence ; c'eſt parce qu'elle a mieux aimé donner à ſa famille l'exemple de l'économie, que de lui laiſſer des regrets ; c'eſt parce qu'elle a craint d'entamer ce fonds d'opulence, dont la vue eſt ſi conſolante pour la vieilleſſe, qu'elle a pu prêter trois cens mille livres au comte de Morangiés. La ſeule objection de nos adverſaires eſt, comme on le voit, notre plus fort moyen.

Les notaires & tous les officiers de juſtice que la mort appelle dans les lieux où elle vient de marquer ſon paſſage, s'accordent à dire que ce n'eſt ni dans les palais ni dans les hôtels qu'ils découvrent ces tréſors cachés, qui, tout-à-coup, ſe répandent comme ces eaux comprimées dans le ſein de la terre, qui jailliſſent à l'inſtant qu'on leur ouvre une iſſue.

Ce qui prouve invinciblement la richeſſe de notre mere, c'eſt que depuis la mort de ſon mari juſqu'à l'inſtant de ſon malheur, quoiqu'elle ne fît aucun commerce, elle a toujours été ſervie par une étrangere, a élevé ſa famille, nous a donné des maîtres à Paris, à Vitry, nous a vêtus avec décence, ſans contracter une ſeule dette. Que l'on interroge tous ceux chez leſquels elle a demeurée, tous nos maîtres, tous nos fourniſſeurs, pas un ſeul ne dira qu'elle lui ait fait attendre ſon payement ; voilà ſans doute, voilà quel eſt aux yeux du ſage, le vrai ſigne de la richeſſe, de l'honnêteté : l'ont-ils ce ſignelà, ces oiſifs calomniateurs qui nous outragent avec tant d'orgueil & d'aſſurance ?

Nous ne voulions d'abord que faire obſerver par quel degré le comte de Morangiés avoit été conduit du myſtere à la diſſimulation, de la diſſimulation à la mauvaiſe foi. Nous ſommes revenus malgré nous ſur notre défenſe : nous n'avons pas beſoin d'infifter pour prouver que du moment où la crainte de voir difparoître les cent mille écus que je lui avois comptés, a pu changer fon cœur & l'entraîner au menfonge ; il a dû mettre tout en ufage pour éviter les coups que nous allions lui porter, & nous accabler de fon crédit, de fon pouvoir.

C'eft de ce point qu'on doit le voir courir chez un Magiftrat, pour donner le change à fon équité ; de-là, aller trouver des officiers de police, afin d'échauffer leur ame, d'exciter leur zèle, leur indignation, en noirciffant des plus affreufes couleurs une famille dont tout le crime eft d'avoir voulu retirer fa fortune des mains de l'ingratitude & de la mauvaife foi.

C'eft de ce point qu'on le découvre infultant à la vérité chez Me le Chauve, parce qu'il eft entouré de gens qui lui font dévoüés, qui nous ferment la bouche lorfque nous allons le confondre, qui nous repouffent avec brutalité lorfque nous nous avançons avec affurance pour lui reprocher fa perfidie, pour lui faire des interpellations qui le troublent & auxquelles il ne peut pas répondre.

C'eft de ce point que l'œil qui le fuit l'apperçoit fe mêler baffement à la troupe criminelle qui conduit fes victimes chez le commiffaire, comme s'il craignoit qu'elle ne devînt moins cruelle en fon abfence, & n'ouvrît l'oreille à nos plaintes, à nos fermens.

C'eft de ce point enfin qu'on le voit revenir fatisfait, s'applaudiffant d'avoir foulé l'innocence à fes pieds, d'avoir étouffé fes cris, de l'avoir affocié au crime & jetté parmi des brigands dans un abîme de fouffrance & d'ignominie.

La juftice nous en a arraché de cet abîme, où la tyrannie, où le menfonge nous retenoient captifs ; elle a entrevu notre innocence ; un nouvel ordre de chofe a paru ; l'ouvrage de la partialité a été brifé, anéanti : une inftruction réguliere s'eft élevée fur les ruines de la procédure du Châtelet : des juges qui n'avoient d'autre defir que celui de connoître la vérité, nous ont écoutés dans le filence, dans le calme de l'intégrité. Si pendant quelques inftans ils n'ont pu fe défendre d'une prévention favorable à notre adverfaire, ils n'ont point fermé les yeux à la clarté des preuves dont notre innocence étoit environnée ; s'ils ont fouffert que des témoins innombrables, indiqués par le comte de Morangiés, vinffent fans ceffe nous affaillir , ils ont préfidé au choc de la franchife contre le menfonge , & ils nous ont vu chaque jour triompher de la calomnie. Que les Juges daignent lire mes confrontations avec le comte de Morangiés , celles de nos témoins & des fiens , & ils verront de quel côté fe trouvent l'affurance & l'incertitude , l'unanimité & les contradictions, la fermeté & la rétractation , les déclarations précifes & celles qui font vagues. C'eft d'après cet examen que nous les conjurons de prononcer. Que de lâches témoins j'ai vu rougir & balbutier ! Combien leur embarras les trahiffoit ! Qu'ils étoient vils ! Avec quel dedain je les combattois , & qu'il m'étoit facile de les confondre! Qu'eft-il devenu ce malheureux gafcon , qui *témoigne* pour vivre , dont l'orgueil eft fi ridicule & le menfonge fi bête , qui met des habits de velours de quatre couleurs afin de s'accorder avec quatre témoins oppofés , qui s'eft trouvé chez le comte dans le temps où je lui ai porté l'or de mon ayeule , comme il fe feroit trouvé chez elle fi nous avions voulu payer fes honteux fervices ; qui a vu le ciel très-ferein le jour où il pleuvoit pour tout le monde ; qui n'a point apperçu dans fon chemin des cabeftans qui embarraffoient tous les paffans ?

Et cette femme *Petit* , qui a tant de noms , qui voit tant de chofes , qui auroit été décrétée de prife de corps pour faux témoignage l'année dernière à la Chambre des vacations , fi l'on n'eût étouffé la nouvelle affaire dans laquelle elle jouoit un ſi beau rôle , elle & ſa ſervante , avec le nommé Lecuire , mari de cette ſervante ? Combien elle a dû trouver les juges du bailliage indulgens ! Peut-être rencontrera-t-elle encore quelques comtes qui feront valoir ſes talens.

Mais voici un nouveau libelle contre nous ; il eſt encore ſigné *Linguet*. Que de groſſieres injures nous allons rencontrer ! que de menſonges nous allons découvrir ! abandonnons cette troupe criminelle à ſon malheureux ſort pour parcourir le volumineux ſupplément que vient de faire paroître ſon apologiſte.

Il commence par trouver la ſentence du bailliage abſurde ; voyons pourquoi : *parce que, tranchant ſur l'objet civil, elle joint contre le comte de Morangiés une peine qui devient une dériſion par ſa modicité ; s'il eſt coupable ; & s'il eſt innocent, une léſion énorme, par les ſoupçons qu'elle autoriſe.*

Comme il n'eſt pas permis de douter que le comte de Morangiés ne ſoit coupable, ſon zélé défenſeur ſe plaint donc de ce qu'il n'eſt pas aſſez puni ? En effet, ſi les juges du bailliage n'avoient pas été convaincus qu'il eût reçu les cent mille écus qu'il dénie, ils auroient mis les parties hors de cour, & auroient ſeulement condamné le comte de Morangiés à payer le montant de ſes billets ; ce n'eſt que parce que la procédure ſécrete a fourni la preuve la plus claire, la plus évidente qu'il a reçu la ſomme que nous reclamons, qu'il eſt admoneſté, qu'il eſt condamné à une aumône de dix livres, & à payer, par corps, non pas le montant de ſes billets, qui ſont maintenant anéantis, mais la ſomme de deux cens quatre-vingt-dix-neuf mille quatre cens livres que je lui ai portée, qu'il a nié avoir reçue, & que mon ayeule, après avoir rendu plainte en eſcroquerie, a obtenu la permiſſion de ſaiſir & de revendiquer.

Si

Si les juges souverains, qui ont maintenant sous les yeux les dépositions, y lisent, comme nous en sommes convaincus, la preuve de notre innocence & celle de la mauvaise foi de notre adversaire, il faudra, d'après sa propre défense, qu'ils prononcent contre lui une peine plus sévere que celle dont il se plaint. Voilà le service que lui aura rendu cet avocat si intrépide, *qui se dévoue comme un autre Curtius pour fermer le gouffre d'iniquité.* Lui un Curtius! ..... Ah! qu'il se contente d'outrager la vertu sans la profaner, en plaçant son nom au-dessous de sa respectable image.

Je le soutiens, le défenseur du comte de Morangiés n'a fait que nuire à son client; il l'a déshonoré à la face de l'Europe; il l'a traîné dans l'opprobre en présence de la noblesse & d'un peuple immense; sans lui il eut peut-être échappé à l'ignominie; c'est à une vaine célébrité qu'une famille illustre est immolée; son guide furieux voudroit pouvoir faire retentir tous les tribunaux d'une cause qui est le désespoir d'un pere trop à plaindre, dût-il rendre la source de ses larmes inépuisable. Oui, ceux dont il sollicite la reconnoissance ne lui doivent que de la haine; son heroïsme n'est que de l'orgueil & de la fureur (1).

C'est, dit-il, *pour les honnêtes gens qu'il écrit; leur estime est l'unique récompense dont il soit jaloux.* Pour l'obtenir, cette récompense, il faut être honnête & vrai; qu'il dise maintenant si elle lui est due.

Le suivrons-nous, cet insensé calomniateur, dans ses longues & ennuyeuses réflexions sur la sentence du Bailliage, à laquelle on ne peut reprocher qu'une excessive modération?

Il s'emporte contre le Lieutenant général du Bailliage, parce

_____

(1) Cette affaire eût été étouffée par la famille du comte de Morangiés si son défenseur ne se fût vanté de la gagner. Voilà la cause de ses emportemens.

qu'il n'a pas mis le fieur Aubourg en caufe; quel eft fon crime?
Eft-ce d'être venu au fecours d'une famille qu'il n'avoit jamais
vue, & dont les malheurs ont intéreffé fa pitié? eft-ce d'avoir
obtenu notre élargiffement, d'avoir accéléré le jugement qui
fermera la bouche à l'impofture? eft-ce enfin d'avoir accepté le
don de 60000 livres à la charge de fubvenir aux frais immenfes
d'un procès dont la longueur eft effrayante?

Si malgré que M. l'avocat général de Vergès ait démontré
dans fon plaidoyer, fi juftement applaudi, que le fieur Aubourg
ne devoit toucher de tout ce qui nous reviendroit que 60000
livres, le défenfeur du comte de Morangiés ofe encore répéter, imprimer, qu'il lui en appartient un tiers, comment pour-
rions-nous le ramener à la vérité? quelle foi peut-on ajouter à fes
obfervations, dont chaque ligne eft une injure, une inconfé-
quence, ou un menfonge?

En eft-il un, par exemple, plus révoltant que celui qui fuit?
Gilbert, affure-t-on, ne me connoiffoit pas avant le jour où il
m'a aidé à compter l'or de ma grand'mere; on va jufqu'à dire
que la preuve en eft acquife par la procédure. Ces lâches témoins, qui ont eu la baffeffe d'aller fe cacher chez la femme
Petit, pour y jouer le rôle d'efpion, qu'ont-ils dépofé? pas un
d'eux n'a vu Gilbert; ont-ils reconnu fa voix? jamais il ne leur
a parlé. Voulez-vous faire dépendre le fuccès de notre caufe de
la preuve que j'ai connu Gilbert long-temps avant le comte de
Morangiés? J'y confens.

Vous altérez tout, vous défigurez tout, vous ne cherchez
pas à juftifier votre client, à éclaircir fa caufe, mais à la
rendre fi obfcure, que vos lecteurs foient replongés dans un
doute dont ils ne puiffent plus fortir. Heureufement ce ne feront pas vos libelles qui fixeront l'opinion des juges, ce
feront les dépofitions.

On y verra que j'ai dîné chez la Charmette avec le fieur

Monvoisin le jour que j'ai été chez le Commissaire Chenon, pour y rendre plainte contre le comte de Morangiés, & non pas le jour de la remise des billets, comme vous l'imprimez hardiment à la page 12 de votre supplément. Ecrivain témé- raire ! voilà comme vous en imposez ; & c'est pour les hon- nêtes gens que vous prenez la plume ! c'est de leur estime que vous êtes jaloux ! . . . . .

Vous commencez votre second paragraphe par vous écrier d'un air triomphant : le voilà donc détruit ce fantôme de su- bornation ! Tremblez qu'il ne reparoisse & ne vous fasse pâlir d'épouvante : peut-être se présentera-t-il aux yeux des juges sou- verains : le sang ou le déshonneur marqueront ses traces ; alors vous vous repentirez sans doute de l'avoir bravé avec tant d'as- surance.

En outrageant nos défenseurs, vous êtes-vous flatté de leur faire abandonner la cause de la vérité ? Par qui sont-ils calom- niés ? Par un avocat expirant, dont le dernier soufle est un poison ; par un écrivain qui n'a de fierté que dans sa plume, qui va se jetter aux pieds de ceux qu'il paroissoit braver, qui caresse & déchire tour à tour la main qui le menace (1).

Le comte de Morangiés, poursuit son défenseur, n'a été em- prisonné que sous le prétexte d'une accusation calomnieuse. Il tire de-là la conséquence qu'il auroit dû sortir lorsqu'il a de- mandé sa liberté, que les charges auroient dû être lues à l'au- dience.

Faudra-t-il lui répéter sans cesse que lorsque le comte de Morangiés a été décrété de prise-de-corps pour subor- nation, il étoit déja convaincu d'avoir reçu l'or de la veuve Véron ; que les juges, par égard, avoient bien voulu

_____

(1) Au premier mot, écrivoit-il avec enthousiasme, je fermerai ma bouche, je bri- serai ma plume. Que ne lui a-t-on pas dit ? Il n'a ni fermé sa bouche, ni brisé sa plume.

adoucir fon decret; qu'il fuffit, pour qu'il n'ait point à fe plaindre
de la perte de fa liberté, que la vérité du prêt foit conftatée,
parce qu'un crime qui a eu des fuites auffi funeftes, mérite une
punition plus févère que l'emprifonnement?

Nous n'avons pas le courage de mettre fous les yeux de
ceux qui nous lifent toutes les abfurdités, toutes les froides
déclamations qui fe preffent & s'accumulent dans ce nouveau
libelle que nous réfutons. Le défenfeur du comte de Morangiés avilit fon client & fa caufe, jufqu'à vouloir fauver de l'opprobre une fille Hériffée, condamnée par Arrêt à être fouettée
& marquée, & que l'efpoir d'échapper au fupplice, a entraînée pour un inftant au menfonge. . . . . Il n'a pas honte
de dévoiler une correfpondance qui élève contre lui des
foupçons terribles; de produire des lettres. . . . . La juftice
fçaura les apprécier.

Peut-on lire rien d'auffi extravagant, d'auffi inconcevable,
que les réflexions que fait notre adverfaire fur la difpofition de
la fentence qui concerne Gilbert?

Il demande pourquoi le comte eft condamné envers cet
homme, qui languit depuis dix-huit mois dans les prifons?
Pourquoi? Parce que vous l'avez outragé dans tous vos écrits;
parce que vous l'avez vous-même dénoncé à l'audience,
comme un faux témoin, que vous l'avez livré à la juftice; que
vous avez attiré fur lui le décret dont il a été fi long-temps la
victime; fût-il jamais une dénonciation plus éclatante, plus
fcandaleufe que la vôtre? Eft-il néceffaire d'interroger le Mi-
niftére public lorfque vous avez prévenu fa réponfe?

Encore une apologie de Desbrugnieres; lui juftifié par fon
mémoire! C'eft fur ce mémoire, c'eft fur fes déclarations,
qu'il fera condamné. Peut-on répondre de fang froid à cette ré-
flexion infultante & cruelle de notre ennemi : *tout force donc,
dit-il, à penfer, tout prouve que le fieur Desbrugnieres loin d'avoir*

contribué à opprimer cette famille , en a été le confolateur &
l'oracle.

Celui qui nous a arraché notre fortune , notre honneur , eft
notre oracle , notre confolateur ! Ah ! puiffiez-vous en trouver
un femblable dans vos peines, homme impitoyable.

A quelle heure du jour falloit-il donc l'interroger ce bienfai-
teur de ma famille ? Falloit-il attendre la nuit pour le faire paroître
aux confrontations ? Quel eft l'homme du peuple qui ofera dire
qu'il ait *entendu le bruit de fes chaînes ?* Votre imagination ne
s'enflamme qu'en faveur du crime & de la tyrannie.

N'aviez-vous rien de mieux à dire pour la caufe du fieur
Dupuis, que ce froid jeu de mots , qu'il eft puni non pour
commiffion , mais pour *omiffion* ? Un Infpecteur qui autoriferoit
de fa préfence un de fes commis à frapper une femme , à en-
chaîner un jeune homme pour leur arracher l'aveu d'un vol
chimérique , ne vous fembleroit-il pas coupable ? Ne mérite-
roit-il pas d'être puni pour n'avoir pas réprimé la fureur d'un
fubalterne qui croit que fa brutalité & fes emportemens font
des preuves de fon zèle ?

Paffons à la difpofition de la fentence qui regarde le comte
de Morangiés.

Vous critiquez cette expreffion, *atteint & convaincu d'avoir*
dénié le prêt mentionné au procès. Il auroit fallu , felon vous ,
que les Juges euffent mis dans leur fentence , *atteint & con-*
vaincu d'avoir reçu le prêt mentionné au procès.

Eh bien, ils auroient dicté une abfurdité : le mot d'*atteint* ,
felon l'ordonnance , ne s'applique qu'à un crime , & le crime
du comte de Morangiés n'eft pas d'avoir reçu cent mille écus,
mais d'en avoir dénié le prêt ; pour que fa dénégation foit un
délit, il faut qu'elle foit un menfonge , & pour qu'elle foit un
menfonge , il faut qu'il l'ait reçu.

Raifonneur inconféquent ! Méditez avant d'écrire , & vous

direz moins d'injures & d'extravagances: vous voyez que d'un trait de plume je foudroye toutes vos déclamations.

Vous trouvez encore abſurde que le Comte ſoit condamné pour avoir autoriſé de ſa préſence des excès, des violences, des mauvais traitemens. Eh quoi! vous écriez-vous, en quoi la ſimple préſence d'un homme peut-elle le rendre complice d'un délit? Quoi! le comte de Morangiés, après avoir reçu l'or que je lui ai porté, m'en avoir donné ſes reconnoiſſances, ſouffre qu'on me frappe, qu'on me tourmente, qu'on me charge de fers, pour que je déclare ne lui avoir donné que 1200 livres, & il n'eſt pas coupable! C'eſt lui ſeul qui eſt la cauſe de tous ces mauvais traitemens, & il ne mérite pas d'être puni! Si vous n'étiez pas un inſenſé, que feriez-vous?

L'admonition eſt, comme vous dites très-bien, un avis de ne plus faire quelque choſe. Vous feriez curieux, ajoutez-vous, de ſçavoir ce que le Lieutenant général du Bailliage interdiroit au comte de Morangiés. Il lui interdiroit d'emprunter cent mille écus ſous le faux prétexte de faire exploiter une forêt dont on ne retireroit pas vingt mille francs; il lui interdiroit d'emprunter ſur de ſimples billets cent mille écus à une famille qui ignore que tous ſes biens ſont abandonnés, & qu'il ne marche qu'avec des ſauf-conduits; il lui interdiroit d'attirer chez un tiers ſes créanciers, afin d'arracher par violences des déclarations contraires à leurs titres; il lui interdiroit de payer la confiance par la plus noire ingratitude & de livrer l'innocence au glaive de la Juſtice.

Nous voici à l'article des déclarations; c'eſt, de tous vos paragraphes, celui où vous avez mis le plus d'art, pour cacher la violence & écarter toutes idées de réclamation de notre part. C'eſt à préſent que je vais dévoiler votre mauvaiſe foi, vous couvrir de honte devant tous vos lecteurs. Gens du monde, qui jugez ſur des libelles, vous-a-t-on dit que le lendemain qui ſuivit la nuit du 30 Septembre , j'envoyai chercher un Notaire pour recevoir mes proteftations ? qu'un maître clerc refufa d'en prendre acte , me difant que je devois m'adreffer à un Commiffaire ? que mon beau-pere fe tranfporta au même inftant chez le Commiffaire Thierry ? qu'il l'attendit jufqu'au foir ? que cet Officier, jugeant de notre Caufe fur notre infortune , refufa de venir à ma prifon ? Relifez à préfent le paragraphe entier que je réfute , & vous verrez fi un feul de ces faits conftans au procés & qui prouvent ma réclamation, y eft rapporté.

Pour donner l'explication de ces lettres dont on a eu la baffeffe de défigurer l'orthographe afin de m'avilir aux yeux de ceux qui croient au menfonge , je fuis obligé de remonter plus haut ; j'ai déja dit qu'en fortant de chez M^e le Chauve on me mit des fers fous fa porte cochere ; que Desbrugnieres, en me plaçant mon chapeau , m'étourdit d'un coup terrible qu'il me donna fur la tête. A peine m'eût-il fait affeoir dans le carroffe , qu'il me dit : *nous te menons chez le Commiffaire qui a refufé ta plainte, & tu feras là équipé d'une bonne maniere* (je rapporte fes termes). Je ne lui répondis point; je me laiffai conduire accablé de douleur & d'épuifement chez Me Chefnon qui ne s'y trouva pas. On eut grand foin de l'envoyer chercher, ce qui ne contribua pas à m'infpirer beaucoup de confiance en lui. J'étois affis fur une banquête, l'ame abattue par le défefpoir & l'ignominie, lorfque le fieur Dupuis s'approcha de moi, & me dit: fi vous voulez figner que vous n'avez pas donné cent mille écus, on vous ôtera vos fers, & vous aurez votre liberté. On a répété bien des fois que j'aurois dû répondre : laiffez-moi mes fers, conduifez-moi en prifon, je ne fignerai rien. J'avois eu cette fermeté pendant fept heures entieres, elle m'abandonna, & je m'écriai; je ferai libre ? ah ! je vais figner que j'ai volé tout

Paris ; & en effet, je l'aurois figné pour n'avoir plus devant mes yeux un Desbrugnieres, pour n'être plus enchaîné, & pouvoir aller rendre plainte chez un autre Commiffaire. Je fignai donc ces déclarations rédigées par cette troupe de fourbes & de prévaricateurs: la violence & le menfonge les ont trahis ; on lit dans ces déclarations que les quatre billets ont été dépofés par moi chez le Commiffaire Thiery, pendant qu'ils n'étoient pas encore fortis des mains du fieur Laville, notre Avocat.

On y lit qu'ils font annexés à une déclaration faite chez le même Commiffaire au nom de la veuve Veron, pour parvenir au recouvrement de la fomme de 1200 livres donnée audit fieur de Morangiés, & jamais cette déclaration n'a exifté, mais bien une plainte en efcroquerie d'une fomme de 300000 livres. C'eft au pied de ce tiffu de fraudes & d'impoftures que j'ai placé mon nom.

Alors je vis la joie s'étendre fur toutes les phifionomies ; le crime & la tyrannie triompherent.

On nous conduifit, ma mere & moi, à la voiture qui nous attendoit. Desbrugnieres fe plaça dans le fond près de ma mere ; le fieur Dupuis fe mit à mes côtés fur le devant ; un de leurs fuppôts fe tint debout au milieu du carroffe. A peine la voiture s'étoit-elle éloignée, que le fieur Dupuis me dit d'une voix baffe : vous ne fçavez pas où nous vous menons ; je penfe, lui répondis-je, que vous me menez chez ma bonne maman ; non, me répliqua-t-il, je vous conduis en prifon. Quoi ! repartis-je, en prifon ! Ne m'avez-vous pas promis de me rendre ma liberté fi je fignois ? Alors, changeant de ton ; convenez, me dit-il, que vous n'avez prêté que 1200 livres : Monfieur, lui répondis-je, je puis vous jurer, & il eft auffi fûr qu'il l'eft que vous exiftez, que j'ai porté à M. de Morangiés cent mille écus en or, excepté 1200 livres qu'il eft venu chercher, & 600 livres dont il m'a

fait

fait préfent. A ces mots, le fieur Dupuis parut étonné ; il com-
mença à douter. Eh bien, reprit-il, » je fuis obligé de vous mener
» en prifon ; mais fi vous voulez m'envoyer vos billets demain
» avant dix heures, & que vous foyez d'honnêtes gens, j'en con-
» férerai avec M. de Sartine, & vous fortirez avant midi ; puis
» adreffant la parole à ma mere, il lui dit : je vous mene en prifon,
» mais c'eft pour la forme, & fi M. votre fils me tient la parole
» qu'il m'a donnée, vous fortirez avant midi, & on vous rendra
» juftice.

C'eft en conféquence de cette promeffe que j'écrivis le lendemain à M. Laville, notre avocat, (à qui j'avois donné, de
la part de mon aïeule, onze Louis pour fes honoraires) de re-
mettre au porteur mes billets & de fufpendre toutes pourfuites ;
l'avocat refufa de les donner ; je lui écrivis une feconde lettre,
par laquelle j'infiftois, en le priant de venir lui-même me trouver, s'il le pouvoit ; il ne vint point, perfifta à garder mes billets, ce qui m'empêcha de les envoyer au fieur Dupuis, qui
en auroit donné fa reconnoiffance à l'homme de confiance qui
les lui auroit remis.

Que l'on apprécie, d'après ces faits, qui font dans la plus
exacte vérité, & dont les confrontations fourniront la preuve,
la défenfe du comte de Morangiés. Fleau de l'innocence, à
quel prix mettez-vous cet affreux talent, de défigurer tous les
faits, de revêtir l'impofture de quelques expreffions gigan-
tefques ! Faudra-t-il pour vous confondre & fe juftifier, que
les juges fouverains faffent imprimer la procédure qui doit
refter fecrete & que vous altérez fans pudeur ?

Il eft impoffible de réfuter ce que dit le défenfeur du comte
de Morangiés, pour prouver que les juges du bailliage ne
pouvoient pas prononcer contre lui une condamnation par
corps, & autorifer le fieur Dujonquay & la dame Romain à

D

le faire écrouer. Le raiſonnement n'a pas de priſe ſur le délire ; que répondre à un juriſconſulte qui rapporte des paſſages de Virgile, qui parle en vers, dont les autorités ſont des poëtes, dont les comparaiſons ſont priſes dans la fable ? Le comte de Morangiés eſt *Eurydice*, les juges du bailliage ſont des furies infernales. La belle imagination ! L'auteur auroit bien dû, pendant qu'il étoit en train, ſe comparer à Orphée.

Nous ne répondrons à toutes ces grandes phraſes qu'en deux mots. Si les juges du bailliage n'avoient pas acquis par la procédure la preuve que le comte de Morangiés eût reçu les cent mille écus qu'il dénie, en le déchargeant ſur la ſubornation, ils auroient prononcé ſon élargiſſement ; mais ils ne pouvoient lui rendre ſa liberté en jugeant qu'il avoit mérité de la perdre.

Toute cette queſtion ſe réduit donc à ſçavoir, ſi un homme auquel on a prêté cent mille écus, & qui ſoutient n'avoir reçu que 1200 livres ; qui pour faire annuller des titres employe la ruſe & appelle la violence à ſon ſecours, mérite d'être condamné par corps à reſtituer l'argent qu'il a touché. Y a-t-il un homme au monde qui oſe ſoutenir le contraire ? Voilà pourtant ce qu'a prononcé cette ſentence, que l'on trouve ſi déraiſonnable, ſi cruelle, ſi outrageante.

Que parlez-vous de ſéduction ? Nous avons ſéduit la fille Heriſſé ? Nous ? ne ceſſerez-vous donc de rejetter ſur nous tous vos crimes ? N'eſt-ce pas par l'eſpoir de ſa grace, dont vous l'avez leurrée, que vous avez arraché cette lettre, qui a été lue à l'audience avec tant d'éclat ? La malheureuſe créature eſt revenue à la vérité, parce qu'elle a ſenti que le menſonge lui étoit inutile, puiſqu'il ne l'avoit pas pu ſauver du ſupplice ; oſerez-vous dire que vous n'avez pas écrit à un magiſtrat en faveur de cette fille, pour vous acquitter de la promeſſe que

27

vous aviez faite à fa mere, à fon pere, qui vous font fi dé-
voués, & qui vous adreffent autant d'épîtres que vous le
defirez ?

Comment ofez-vous imprimer que vous vous êtes juftifié
des deux faits confignés dans cette réponfe, qui n'étoit point
une fatire, mais la défenfe de la vérité & l'épouvante du crime?
Aurez-vous la hardieffe d'écrire que le billet fait à un Marchand
de *vin* n'exiftoit pas; que la caufe de votre refus n'étoit pas, felon
vous, *le défaut de valeur fournie ?* Je vous répondrois, en pro-
duifant la fentence du châtelet qui depuis vous a condamné
à payer ce billet de 1090 livres ? Si c'eft avec des condamna-
tions que vous vous juftifiez, vous pouvez fournir beaucoup de
preuves de votre innocence.

Que pouvoit-il faire ce juge que vous calomniez fi indigne-
ment, que vous avez la baffeffe d'accufer d'avoir reçu *des pâtés*,
comme fi c'étoit avec de femblables préfens que l'on
corromproit la cupidité dans une affaire auffi éclatante que
celle-ci ? *

Comment devoit-il fe conduire pour écarter tout foupçon de
partialité ? S'il eût appellé dans cette caufe des affeffeurs qui
n'euffent jamais été ceux de fon tribunal, vous auriez dit qu'il les
avoit choifis pour fervir fa haine ou fon intérêt; qu'il avoit rejetté les avocats qui vouloient bien s'unir ordinairement à lui
pour rendre la juftice, parce qu'il avoit défefpéré de les entraîner
à fon coupable avis; il a cru prévenir tout reproche, toute
accufation, en choififfant pour affeffeurs, dans une affaire
auffi importante, les mêmes avocats qui fiégent avec lui,
toutes les fois que la nature des caufes exige qu'il fe faffe
affifter. Sa prudence n'a pu le garantir des traits de la méchan-
ceté ; les plus odieux foupçons fe font étendus fur fix avocats
intégres, irréprochables. L'amertume de l'ironie s'eft mêlée à

* Ce fait eft
faux ; on défie
de le prouver,
de même que
celui de la pro-
cédure remife
au fieur Au-
bourg & à moi,
de même que
mille autres
auxquels nous
ne daignons
pas répondre.

D ij

la fureur de la haine ; l'équité de la Cour les vengera , elle écrafera fur leur bleffure la vipere qui les a mordus (1).

Le comte de Morangiés fur la fellette ! s'écrie fon défenfeur ; à cette image fon fang bouillonne & fon cœur fe fouleve. Nous lui répondrons , pour calmer fon fang , que fi M. de Morangiés a été humilié , il étoit coupable ; que c'eft l'ordonnance criminelle qui lui a fait fubir cette ignominieufe fituation , & non le bailly du palais. Helas ! on le plaint , & on oublie qu'il nous a fait traverfer cette ville à pieds , liés avec une corde ; que nous avons été expofés aux regards d'une populace , qui n'a pas même douté que nous ne fuffions des brigands fur lefquels la main du bourreau alloit s'appefantir. On ne fe fouvient plus que l'on a dépouillé l'innocence de fes vêtemens , pour obferver fi elle n'avoit pas été flétrie par le fer de la juftice. O fouvenir épouvantable ! . . . . mes fens fe glacent ! . . . . . . & je n'ai plus la force de me défendre ! . . . . .

Signé, DUJONQUAY.

LE CONSEIL fouffigné , qui a lu le Supplément aux Obfervations du comte de Morangiés , & le mémoire ci-joint ,

Ne peut diffimuler fon étonnement & fa peine , en voyant qu'à la vérité des principes , à la fageffe d'une difcuffion méthodique , au développement du texte de la loi & des ordonnances , on a fubftitué des injures groffieres , des perfonnalités

---

(1) M M. Bazin , Carouge , Gautier , Divet , font les affeffeurs ordinaires du bailliage. MM. Cothereau & Bidaut , qui ont été appellés comme anciens , & qui le font en effet , ont affifté dans plufieurs affaires le lieutenant général. Ils remplacent MM. Caillau & Delaborde , qui ne vont plus au Palais.

baffes., l'indécence de la haine , la fureur de l'envie. Il femble
que le barreau foit devenu une arène où les avocats tout à coup
changés en athletes, s'avancent les yeux étincelans de co-
lere , fe faififfent , fe déchirent , fe terraffent & faffent dépendre
le fuccès & l'excellence de leur caufe de l'emportement & de
l'efpèce de rage avec laquelle ils la défendent.

A quoi fe réduit cette affaire obfcurcie fi long-temps par des
outrages & des calomnies ? A fçavoir fi des billets foufcrits par
un officier général qui a quarante ans, paffés à l'ordre d'une
femme qui en avoit plus de quatre-vingt, doivent être payés,
lorfqu'il n'y a point eu à l'inftant de la remife des effets de réclamation de la part du débiteur, & que l'on ne conftate point
de violence de la part du créancier. Suivant les principes de
notre jurifprudence, pour fufpendre l'effet d'un billet foufcrit
par un majeur, il n'y a que deux moyens, l'infcription de
faux & la plainte en efcroquerie.

Le comte de Morangiés ne s'infcrit point en faux contre
fes billets, il rend plainte; mais quand la rend-il ? C'eft après
que la veuve Veron en a elle-même rendu une contre lui.

Pour qu'une plainte rendue par un débiteur puiffe être décrétée, retarder le payement d'un billet, ou le faire rentrer
dans la main du plaignant, l'ordonnance porte qu'il faut un
commencement de preuve par écrit : fans cela pas un débiteur de mauvaife foi ne manqueroit, avant l'échéance de fes
billets, de rendre plainte en efcroquerie. Quel eft le commencement de preuve par écrit du comte de Morangiés contre la
veuve Veron ? C'eft une déclaration de fon petit-fils & de fa
fille; il faudroit d'abord qu'elle fût de la veuve Veron elle-
même. Mais voyons comment le comte de Morangiés l'a cette
déclaration de la fille & du petit-fils. Il fe l'eft procurée en les
attirant dans une maifon tierce, en les y retenant fept heures

entieres, en les faifant tourmenter, harceler, opprimer, en les faifant menacer du cachot & des fers, en les conduifant lui-même au milieu de la nuit, entourés d'une cohorte à fes gages chez un commiffaire, où l'on détache les chaînes des mains du petit-fils, à la condition qu'il fignera, fans murmurer, la déclaration fauffe, abfurde, & pleine d'erreurs qu'on va lui préfenter. On demande fi c'eft là un commencement de preuve juridique, fi ce n'eft pas fe jouer de la juftice & des loix que de le préfenter comme tel; fi ce n'eft pas là ce qu'on appelle fe faire un titre à foi-même, chofe reprouvée par nos ordonnances ?.

Voilà donc le comte de Morangiés qui a rendu plainte, qui veut anéantir des billets fans avoir de commencement de preuve par écrit.

Voyons maintenant de quoi eft appuyée la plainte de la veuve Veron, qui eft reprife aujourd'hui par le miniftère pu-blic, 1°. de quatre billets furchargés de fes noms, de fes qua-lités, & de ceux de fon mari, écrits tout entiers de la main du comte de Morangiés, *valeur reçue comptant.*

2°. D'un bordereau, figné du comte de Morangiés, par lequel il eft convenu *qu'il ne remettra fes billets que lorfque la fomme de trois cens mille livres lui fera réellement comptée & re-mife en efpèces fonnantes, le furplus du montant des billets étant pour les intérêts dûs aux prêteurs à raifon de fix pour cent.*

3°. De la déclaration de trois témoins, qui dépofent tous les trois *de vifu.*

La veuve Veron eft morte, & fes héritiers ont de plus que leur mere, un teftament, fait à l'article de la mort, qui confirme le prêt dénié par le comte de Morangiés.

Pour que le comte de Morangiés puiffe triompher, il faut donc qu'il prouve, 1°. que les billets lui ont été efcroqués; 2°. que quoiqu'il ait déclaré par écrit qu'il ne les confieroit qu'après la remise de la somme entiere de cent mille écus en espèces sonnantes, il a eu l'imprudence de les donner le même jour, sans recevoir plus de douze cens livres ; 3°. que les trois témoins sont faux ; 4°. que la veuve Veron, âgée de quatre-vingt-huit ans, a terminé sa vie par le plus abominable sacrilege, en jurant sur l'ostie qu'elle avoit eu cent mille écus en or, & qu'ils avoient été portés au comte de Morangiés.

Nous le demandons maintenant à ceux qui ont lu ces Mémoires si célebres, distribués avec tant de profusion & d'appareil, y ont-ils vu ces quatre preuves si nécessaires au succès de la cause du comte de Morangiés ?

Nous n'avons pas sous les yeux la procédure secrete ; mais par l'ordre des decrets nous sommes autorisés à croire que la femme Tourtera & le sieur Aubriot ont toujours paru intacts ; que Gilbert n'a pas pu être convaincu de faux, puisqu'il est déchargé par la Sentence ; nous pouvons également présumer que l'instruction relativement à la vérité du prêt n'a pas été favorable au comte de Morangiés, puisque sur ce seul point, d'après quelques confrontations, il avoit d'abord été décreté d'ajournement personnel, que les Juges du bailliage l'ont, par leur sentence du 23 mai dernier, condamné à garder prison jusqu'à ce qu'il eût rendu l'argent qu'il a effectivement reçu & qu'il a dénié.

Pour décider que la sentence doive être confirmée, il faudroit qu'il nous fût permis de soulever le voile qui cache la procédure criminelle ; mais nous pouvons sans témérité assurer que les charges sont bien contraires au comte de Morangiés, puisque des Juges qui devoient désirer d'y rencontrer son innocence, ont été contraints de le déclarer *atteint & convaincu* d'avoir dénié les cent mille écus qu'il a reçus. En supposant que le Bailli du Palais, (ce qui n'eft pas préfumable,) eût été affez inique ; affez cruel pour défirer la perte d'un homme de qualité qui ne l'a jamais offenfé ; comment penfer qu'il ait pû plier trois Avocats, à un fentiment auffi criminel, qu'il ait eu affez d'afcendant fur eux pour les rendre infenfibles aux larmes d'un vieillard vénérable, à celles d'un fils qui fera un jour oublier la faute de fon pere?

En déchargeant le comte de Morangiés fur le fait de la fubornation, ils ont donné une preuve de leur intégrité ; fi la Juftice n'eût fermé leur cœur à tout fentiment humain, ils auroient prononcé un hors de cour pour pallier le decret de prife de corps décerné fur ce chef d'accufation. Il faut donc fe pénétrer de deux vérités.

La premiere, que le comte de Morangiés n'ayant pas un commencement de preuves par *écrit* juridique, ne pouvoit pas être admis à revenir contre fes titres.

La feconde, que l'inftruction faite au bailliage du palais, n'a pas non-feulement établi une impoffibilité de la part de la veuve Veron, de fournir cent mille écus au comte de Morangiés, mais qu'elle n'a au contraire fervi qu'à conftater la vérité du prêt.

Délibéré à Paris le 2 Juillet 1773. DE LACROIX.

M E fera-t-il maintenant permis de me replier fur moi-même, & de prendre ma défenfe ? Tant que l'on ne m'a adreffé que des injures indirectes, j'en ai méprifé la fource ; le filence du dédain a été ma réponfe. Aujourd'hui je fuis dénoncé dans un
écrit

écrit public comme *un écrivain mercenaire , foudoyé d'espérance par une cabale criminelle.* Il ne m'est plus permis de me taire , parce qu'il ne l'est pas d'être indifférend sur l'honneur.

On a tant de fois répété & fait redire que j'avois déclaré la guerre à M. de Morangiés , sans être appellé par ses adversaires , qu'il faut bien à la fin que je me justifie de ce reproche , & que j'apprenne pourquoi j'ai pris la plume dans cette cause devenue si celebre.

Les dernieres révolutions avoient étouffé le desir que j'avois de suivre le barreau ; j'avois fermé tous les livres de droit, pour m'occuper en silence de la littérature, puiser dans les sciences quelques consolations ; pour traverser la vie avec moins de dégoût & d'ignorance. Le procès du comte de Morangiés faisoit déja beaucoup de bruit ; tout Paris sembloit avoir oublié de grands événemens , pour ne s'occuper que d'une affaire particuliere. Cinq jours avant l'Arrêt du 11 Avril 1772 , je vis entrer un homme que je ne connoissois point , que je n'avois jamais rencontré , c'étoit le sieur Aubourg, qui m'apprit que la famille à laquelle il s'intéressoit, s'étoit vue tout à coup privée du secours d'un Avocat très-éloquent ; il ajouta qu'on lui avoit fait espérer que je voudrois bien être utile à des malheureux & répondre à un Mémoire qui les avilissoit. Après avoir hésité quelques instans, je le priai de me laisser les piéces qu'il avoit, pour prendre connoissance de l'affaire & me décider. Deux heures après il revint avec le sieur Dujonquay, qui m'étoit tout aussi inconnu que le sieur Aubourg : j'ai sçu depuis que c'étoit M. Vermeil qui me les avoit adressés.

J'avoue qu'après bien des questions que je fis au jeune Dujonquay , je ne pus me défendre de prendre quelqu'intérêt à ses malheurs ; je trouvai dans ses réponses cette sorte d'ingé-

E

nuité & d'énergie, qui caractérifent le courage de l'honnêteté ; je crus fa caufe bonne, & je lui promis de la défendre.

J'eus la précaution de ne rien citer, au hafard de n'écrire que d'après les piéces que l'on me fournit, & qui furent pro- duites.

Les juges, les gens du monde, parurent accueillir mon mémoire ; trois mille exemplaires ne purent fatisfaire la curiofité ardente du public. Lié jufqu'alors avec Me Linguet, j'eus l'attention de lui envoyer ma réponfe à fon imprimé, en lui écrivant que j'aimois mieux qu'il l'a tînt de moi que d'un autre.

Ceux qui l'ont lue fçavent s'il peut s'en plaindre, fi je n'ai pas parlé de lui avec tous les ménagemens de l'honnêteté, fi le feu de la compofition m'a égaré au-delà des bornes de la décence ; mais j'ignorois alors que cette affaire étoit devenue la fienne, depuis qu'il en avoit garanti le fuccès & avoit fa- crifié à fa gloire l'honneur de fon client.

La fureur l'a tranfporté à l'audience, & il n'a pas tenu à lui que l'ouvrage de la vérité ne fût flétri par la Juftice.

Après avoir payé ce foible tribut à l'humanité, à l'innocence perfécutée, je croyois ne plus m'occuper des intérêts qui divifent les hommes ; mon éloignement pour tout genre de difcuffion m'écartoit du cercle des affaires, déja fi rétréci. Je ne me fentois plus difpofé à m'échauffer pour des plaideurs, qui vous quittent froidement & vous oublient avec leur caufe.

Une femme de qualité, opprimée & digne d'un meilleur fort, eft venue reclamer mes foibles talens ; hélas ! ils lui ont été inutiles : j'ai réuffi à peindre fes malheurs, mais je n'ai pas pu les adoucir.

Depuis ce tems j'ai éprouvé, qu'à moins d'être infenfible ;

il falloit prefque toujours faire aux hommes qui croyoient avoir befoin de vous, le facrifice de fes goûts; les fuivre dans les fentiers de l'ennui, à travers la haine & la calomnie.

Si je n'ai pas été affez heureux pour gagner l'amitié de mes confreres, j'ofe au moins me flatter d'avoir mérité leur eftime. Le défenfeur du comte de Morangiés eft le premier qui ait pu me méconnoître affez pour m'accufer de livrer ma plume à l'iniquité, de me déterminer par l'efpoir du gain. Tous ceux qui ont eu recours à moi fçavent que je puis être trompé, mais que je ne peux pas être corrompu; que fi je n'ai pas les lumieres des grands jurifconfultes, j'ai au moins leur délicateffe & leur défintéreffement.

Je puis prendre le ciel à témoin, que non-feulement la malheureufe famille que je défends, ni le fieur Aubourg, ne m'ont fait la moindre promeffe de récompenfe, mais même que le defir n'en a pas effleuré mon cœur.

A chaque époque de la caufe on eft venu me trouver, pour me prier de faire des mémoires ou répondre à de nouveaux écrits, j'y ai confenti, tant que ces écrits ont eu la forme judiciaire; j'ai refufé conftamment de répondre aux probabilités de M. de Voltaire, quoique le fieur Aubourg, qui me les apportât, m'en eût conjuré & m'eût environné des pieces du procès, qui font encore depuis ce tems fur mon bureau. Je demande à préfent quel eft mon crime? lequel de mon adverfaire ou de moi peut être foupçonné de cupidité, peut être accufé de mauvaife foi?

J'écris pour des opprimés qui fortent des prifons, auxquels on a tout enlevé; lui il prête fon organe & fa plume à un officier général, dont il connoît les plus fecretes penfées & qui ne doit rien épargner pour fa défenfe.

Pardonnera-t-on maintenant à un jeune homme, qui n'eft

pas infenfible à toute efpece de gloire, d'oppofer les éloges de M. Linguet, à fes injures ? _

A la page 13 de fon fupplément, on lit : *l'un de ces calom-niateurs obfcurs qui fe font difputé l'honneur de prêter leur organe à l'impofture, écrivoit : la face du coupable eft à découvert*, & pour que l'on ne s'y méprît pas, l'auteur a eu le foin de faire mettre mon nom en marge.

Eh bien ! ce même homme, qui me traite aujourd'hui d'é-crivain obfcur, m'écrivoit le 27 février 1769 : « je viens de » lire votre ouvrage, (les lettres d'un philofophe fenfible); il » me feroit difficile, Monfieur, de vous exprimer le plaifir qu'il » m'a fait; il eft vraiment digne de fon titre; on y reconnoît » un ame auffi honnête que fenfible; vous plairez certainement » à toutes celles qui ont les mêmes qualités; la lettre qui com-» mence à la page 96, par exemple, eft d'une vérité & d'une » énergie frappante. J'en dis autant de celle qui commence, page » 153, où vous donnez une raifon fenfible de la langueur de » nos comédies; après cela vous pouvez, fans témérité, » prendre pour devife ce mot fi reproché à un miniftre mal-» heureux, *quo non afcendam !* &c. &c.

Cette lettre eft la feule que j'aie confervée de toutes celles que le même homme m'a écrites, parce qu'elles n'intéreffoient plus mon cœur & ne difoient rien à mon efprit.

Monfieur GOUDIN, Rapporteur

Mᵉ DE LACROIX, Avocat

A PARIS, chez P. G. SIMON, Imprimeur du Parlement, rue Mignon S. André-des-Arcs, 1773.

www.ingramcontent.com/pod-product-compliance
Lightning Source LLC
Chambersburg PA
CBHW060508210326
41520CB00015B/4146